BEI GRIN MACHT SICH IHR WISSEN BEZAHLT

AF138462

- Wir veröffentlichen Ihre Hausarbeit, Bachelor- und Masterarbeit

- Ihr eigenes eBook und Buch - weltweit in allen wichtigen Shops

- Verdienen Sie an jedem Verkauf

Jetzt bei www.GRIN.com hochladen und kostenlos publizieren

Konzeption eines qualitativen Interviewleitfadens

K. Schreib

Bibliografische Information der Deutschen Nationalbibliothek:

Die Deutsche Nationalbibliothek verzeichnet diese Publikation in der Deutschen Nationalbibliografie; detaillierte bibliografische Daten sind im Internet über http://dnb.d-nb.de abrufbar.

ISBN: 9783346765949
Dieses Buch ist auch als E-Book erhältlich.

© GRIN Publishing GmbH
Nymphenburger Straße 86
80636 München

Alle Rechte vorbehalten

Druck und Bindung: Books on Demand GmbH, Norderstedt Germany
Gedruckt auf säurefreiem Papier aus verantwortungsvollen Quellen

Das vorliegende Werk wurde sorgfältig erarbeitet. Dennoch übernehmen Autoren und Verlag für die Richtigkeit von Angaben, Hinweisen, Links und Ratschlägen sowie eventuelle Druckfehler keine Haftung.

Das Buch bei GRIN: https://www.grin.com/document/1303211

Das Leitfadeninterview

Alternative C

SRH Fernhochschule

Modul: Wissenschaftliches Arbeiten – Vertiefung I

Studiengang: B. A. Soziale Arbeit

Inhaltsverzeichnis

Abbildungsverzeichnis

Teilaufgabe C 1

Die erste Aufgabe widmet sich der Konzeption eines qualitativen Interviewleitfadens zur Erfassung des Orientierungsbedürfnisses nach Matthes. Dieses wird im Vorfeld differenziert dargestellt.

Das Orientierungsbedürfnis nach Matthes

Matthes beschreibt das Orientierungsbedürfnis als Bedürfnis, die Umgebung strukturiert wahrnehmen zu können. In neuen, bislang unbekannten Situationen in der Umgebung eines Menschen, wird das Bedürfnis entwickelt, sich Informationen darüber zu beschaffen. Das Orientierungsbedürfnis kann in drei Dimensionen eingeteilt werden. Diese sind Themen, Fakten und Bewertungen.

Das Orientierungsbedürfnis nach Themen beschäftigt sich mit dem Bedürfnis nach Information bei Neuentwicklung. Grundlegend hierfür ist die Priorität des Menschen, auf dem neuesten Stand zu sein. Dies betrifft das eigene subjektive Empfinden des Einzelnen und ist somit bei jeder Person individuell.

Das Orientierungsbedürfnis nach Fakten beschäftigt sich mit präzisen Informationen zum Geschehen. Das bedeutet, es werden Informationen zu verschiedenen Themen beschafft um sich anschließend daran darüber auszutauschen. Das Wissen über ein Thema wird dadurch um Hintergrundinformation erweitert werden mit dem Fokus auf dem Detailwissen.

Das Orientierungsbedürfnis nach Bewertungen ist die dritte und somit letzte Dimension. Sie befasst sich mit der Verarbeitung der Informationen zu einem Thema. Die Verarbeitung umfasst die persönliche Dringlichkeit für Anmerkungen zu einem Thema und die Auslegung externer Instanzen welche hierfür miteinbezogen werden. (Matthes, 2005)

Die Konzeption eines qualitativen Interviewleitfadens

Ein Interviewleitfaden wird anhand von verschiedenen Fragen und theoretischem Vorwissen entwickelt. Der Leitfaden fungiert als roter Faden für die zu erhebenden qualitativen Daten. Zentrale Merkmale eines Interviewleitfadens sind die thematische Rahmung und Fokussierung der Interviewsituation, die Auflistung aller relevanten

Themenkomplexe, die angesprochen werden müssen sowie die Strukturierung des gesamten Kommunikationsprozesses. (Reinhardt et al., 2020)

Ein Interviewleitfaden fasst alle Themen zusammen, die während eines Interviews im Rahmen der Untersuchung thematisiert werden. Der Leitfaden dient als Orientierungshilfe in halbstandardisierten Interviews. Halbstandardisierte Interviews in Bezug auf Fragen können differenziert dargestellt werden. Neben der Formulierung und Abfrage konkreter Fragen stehen auch stichwortartige Orientierungshilfen zur Verfügung. Diese können in beliebiger Reihenfolge abgearbeitet werden. Die Art der Strukturierung des Interviewleitfadens hängt maßgeblich von der Erfahrung des Interviewers und seiner Methode der Forschung ab. Die Fragen eines Interviewleitfadens ermöglichen durch ihren offenen Charakter viel Spielraum bei den Antwortmöglichkeiten der befragten Person. Dem halbstandardisierten Interview liegen verschiedene Annahmen zugrunde. Für präzise Antworten von der befragten Person ist es wichtig, die Bedeutung der gestellten Frage offenzulegen. Das bedeutet die Fragen werden in der Alltagssprache der befragten Person gestellt. Diese Vorgehensweise erfordert von dem/der Interviewer*in ein hohes Maß an Flexibilität und Einfühlungsvermögen. Des Weiteren soll der/die Interview*er sensibel auf Stimmungen reagieren können. Das wird durch eine flexible Fragestellung erreicht. Der/die Interviewer*in soll die notwendige Kompetenz erlernen, die Fragen in einer Reihenfolge zu stellen, damit die Bedeutungsrelevanz für alle Beteiligten erreicht wird. (Reinhardt et al., 2020)

Der Ablauf eines Leitfadeninterviews kann in vier Phasen unterteilt werden und orientiert sich an den Grundprinzipien der qualitativen Forschung.

Die Informationsphase:

In dieser Phase wird der befragten Person das Ziel des Interviews offengelegt. Zudem werden ihr/ihm die Rechte in Bezug auf den Datenschutz aufgezeigt. Des Weiteren muss die befragte Person für das Fortschreitende Interview eine Einverständniserklärung unterzeichnen.

Die Einstiegsphase:

Die Einstiegsphase, das sogenannte Warm-up beginnt mit Einstiegsfragen. Diese haben das Ziel, die zu befragende Person an das Forschungsthema heranzuführen. Hierbei soll die Person zum Erzählen motiviert werden und infolge dessen die anfängliche Scheu überwinden.

Die Hauptphase:

In dieser Phase werden die eigentlichen Themen, welche im Leitfaden festgelegt sind, erörtert. Das Modifizieren einzelner Fragen kann aufgrund der individuellen Gesprächssituation notwendig sein. Das Interview soll sowohl deduktiv als auch induktiv ausfallen.

Die Abschlussphase:

In dieser letzten Phase wird durch Abschlussfragen das Ende des Interviews herbeigeführt. Hierfür wird die zu befragende Person mittels dieser Fragen aus der Gesprächssituation hinausbegleitet. Offene Inhalte oder Fragen können an dieser Stelle ergänzt werden, damit die zu befragende Person gegen Ende des Interviews in der Lage ist, auch gedanklich mit dem Thema abzuschließen. (Reinhardt et al., 2020)

Für diese Arbeit wird das Thema „welchen Einfluss hat Social Media auf den Lebensstil der nutzenden Menschen", auf der Grundlage des Orientierungsbedürfnisses nach Matthes, gewählt. Während der Durchführung des Interviews gilt die oben beschriebene Vorgehensweise.

Das Internet, dazugehörend die Social Media Apps stellen neben der Nutzung im Alltag zur Informationssammlung beispielsweise auch ein Mittel der Unterhaltung dar. Durch die verschiedenen Apps kann jede Person selbst entscheiden, in welchem Thema sie sich weiterbilden möchte, oder ob sie einfach nur eine Hintergrundkulisse laufen haben möchte.

Social Media wird von verschiedenen Generationen genutzt und wird ein immer beständigeres Thema in der heutigen Gesellschaft. Zwischen der Generation X und der Generation Z liegen 45 Jahre Unterschied. In dieser Zeit haben sich sowohl das Verhalten der Leute geändert, als auch die technischen Verhältnisse. Die Generation X ist die letzte Generation, welche ein Leben ohne das Internet kennt. Aus diesem Grund ist es für sie schwer gewesen, sich damit auseinanderzusetzen, da sie teilweise erst in ihrem Berufsleben mit dem Internet konfrontiert wurden. Die Generation Z hingegen ist mit dem Internet und den Anfängen der social Media Kanäle aufgewachsen und nutzt diese daher auch regelmäßiger. Diese Generation fokussiert sich sehr auf die Zukunft. Daher sind ihre Social Media Kanäle in der Regel öffentlich zugänglich, sie versuchen durch den digitalen Raum Anerkennung zu erlangen und scheinbar körperliche Makellosigkeit umzusetzen. Während Generation X und Y häufig Facebook nutzen, ist es bei der Generation Z Instagram. Dies ist nicht verwunderlich, da Instagram speziell für neue, jüngere Generationen entwickelt wurde. Sie bietet Kurzinhalte, tägliche Storys von Influencer*innen, Reels und einfachen Konsum. (Werkmann, 2022)

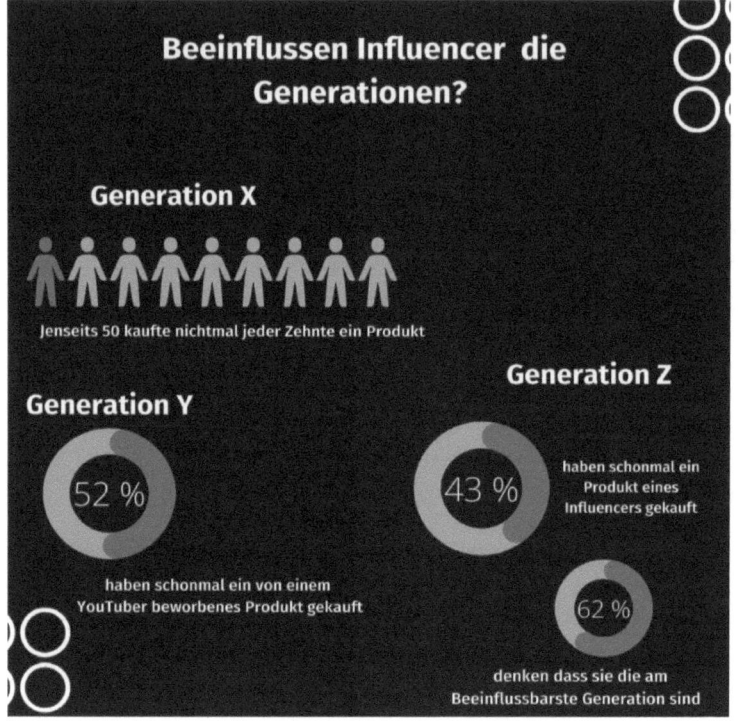

Abbildung 1: Generationen im Vergleich (Werkmann, 2022)

Dieses Bild lässt erkennen, dass vor allem die Generation Z sehr aufgeschlossen gegenüber Werbung ist. 43 % der Nutzer*innen haben schon mal ein Produkt von Influencer*innen gekauft. Die Generation Y sieht die Werbung als Inspiration für sie persönlich und streben die Verbesserung ihrer selbst an. Sie kennen sich mit ihren eigenen Finanzen aus und leisten sich die Produkte nur dann, wenn sie am Ende des Monats Geld übrig haben. Die Generation Z wächst mit dieser Art der Werbung auf und ist daran gewöhnt. Die Influencer*innen sind Idole und Vorbilder, sie inspirieren die Nutzer*innen, weshalb sie ihnen nacheifern wollen. Für 71 % der Nutzer*innen ist das Vertrauen in den/die Influencer*in der Grund des Kaufes. Der Hauptgrund mit 82 % allerdings ist die überzeugende Produktpräsentation der Influencer*innen. (Werkmann, 2022)

Der Interviewleitfaden

Die Fragen in dem Interviewleitfaden umfassen zunächst die Grundinformationen der befragten Person. Dazu zählen persönliche Informationen wie das Alter, das Geschlecht und der Bildungsstand. Die biografischen Daten dienen im späteren Verlauf der Erhebung des Leitfadens. Da die Befragung des Leitfadeninterviews transkribiert wird, wird die verbale Abfrage als Mittel benutzt. Diese Vorgehensweise soll durch die erste Interaktion mit der zu befragenden Person Informationen bringen, sodass ein erster Eindruck beiderseits entstehen kann. Die Fragen sollen jedoch sparsam gewählt werden, da es sich hier um die persönlichen Eckdaten fremder Personen handelt. (Döring & Bortz, 2016)

Nachdem die biografischen Eckdaten erfragt wurden, wird der/die Teilnehmer*in über die Dauer und das Thema des Interviews aufgeklärt. Im Anschluss wird aus datenschutzrechtlichen Gründen eine Einverständniserklärung unterzeichnet. Dabei handelt es sich um eine Einwilligung zur Erhebung und Verarbeitung personenbezogener Interviewdaten und die Einwilligung zur Übermittlung und Nutzung personenbezogener Daten für wissenschaftliche Zwecke. Die personenbezogenen Daten werden anonym verwendet. (Reinhardt et al., 2020)

Um möglichst viele Daten aus dem Gespräch zu erheben, findet zudem eine Aufzeichnung statt. Sie dient der Festhaltung verschiedener Reaktionen, die mittels der alleinigen verbalen Abfrage nicht festzuhalten ist. Des Weiteren kann man die Aufzeichnung immer wieder anhören und so geht kein Datenmaterial verloren. Für die Aufzeichnung des Gespräches ist eine weitere Einverständniserklärung seitens der zu befragenden Person einzuholen. (Fuß & Karbach, 2019)

Das Interview beginnt mit den üblichen Höflichkeitsformen. Dazu gehören die Begrüßung, sowie die Bewirtung. Um schrittweise eine Vertrauensbasis zwischen beiden Parteien aufzubauen, wird das Interview durch allgemeine Fragen, sogenannten Eisbrecherfragen, eingeleitet. Die Offenheit der Fragen soll der zu befragenden Person die Möglichkeit geben, in einen Redefluss zu gelangen, ohne ein unangenehmes Gefühl zu erhalten. (Reinhardt et al., 2020)

Ein Auszug aus dem Interviewleitfaden:

> *„Welche Bedeutung hat social Media für Sie? Erzählen Sie mir bitte, was sie persönlich damit verbinden."*
>
> Ziel: Das Nutzverhalten der zu Befragenden Personen soll analysiert werden. So erhält man einen ersten Eindruck und fördert den Redefluss der Person.
>
> *„Social Media ist für mich die geeignete Plattform, um mich auszuleben, Inspirationen zu sammeln und dient für mich auch der Unterhaltung. Ich schaue mir regelmäßig Storys meiner liebsten Influencer*innen an und wünsche mir manchmal auch ein/eine Influencer*in zu werden, das wäre super cool."*

Im nächsten Schritt werden die Fragen detaillierter gestellt. Dabei ist darauf zu achten, dass die Fragen nicht zu persönlich gestellt werden. Ansonsten kann es dazu führen, dass eine Hemmnis seitens der zu befragenden Person entsteht und diese den weiteren Interviewverlauf beeinträchtigen. Der/Die Interviewer*in soll darauf achten, aktiv der gegenübersitzenden Person zuzuhören. Das schafft ein Gefühl von Vertrauen und Sicherheit in Bezug auf das Gesagte. Wichtig hierbei ist die Balance zwischen dem Erzählen lassen und die Rückführung zum eigentlichen Thema, sollte man von diesem abschweifen. (Reinhardt et al., 2020)

Bei den zu befragenden Personen handelt es sich vermehrt um die Generation Z, da diese, wie zuvor beschrieben, mit dem Internet groß geworden ist und sich mit den social Media Kanälen auskennt. Sie sind mit dem Internet vertraut, wissen dieses zu bedienen und sind außerdem mit dem Blick auf die Zukunft gerichtet. (Werkmann, 2022)

Die Dauer des Leitfadeninterviews beträgt ungefähr ein bis zwei Stunden. Die Nachbereitung, die Transkription des Interviews ist deutlich länger und dauert je nach Länge des Interviews bis zu 10 Stunden. In der Regel beläuft sich die Stichprobengröße auf bis zu 20 Personen. In diesem Leitfadeninterview werden 10 Personen befragt. Diese Anzahl ist ausreichend für die ersten Einblicke in die Forschungsfrage. Eine größere Stichprobe ist nicht möglich, da es sich bei den Fragen teilweise um das subjektive Empfinden der zu befragenden Person handelt, welche nicht in kurze Worte zu fassen sind. (Döring & Bortz, 2016)

Den befragten Personen wird vor Beginn des Interviews mitgeteilt, dass die Länge variabel ist und abhängig von den Antworten jedes Einzelnen ist. Dies soll bewirken, dass die befragten Personen die Fragen ohne zeitlichen Druck beantworten und darüber nachdenken dürfen. Störfaktoren gilt es zu vermeiden, da diese den Fluss und das subjektive Empfinden negativ beeinträchtigen können. (Reinhardt et al., 2020)

Ein Auszug aus dem Interviewleitfaden:

> *„Haben Sie das Gefühl, dass die social Media Apps Einfluss auf ihre Entscheidung bezüglich ihres Ernährungsstils haben?"*
>
> Ziel: Diese Frage soll beschreiben, ob die Entscheidung der zu befragenden Person tatsächlich auf den eigenen, individuellen Vorlieben und Vorstellungen beruht, oder ob social Media „die richtige Ernährung" suggeriert und die zu befragende Person dies dann aufgrund von Marketing oder Manipulation als „Richtig" empfindet.
>
> *„Hmm, schwierige Frage. Kann schon sein. Ich muss nachdenken. Ich glaube zum Teil ja, zum Teil auch nein. Ich suche mir das heraus was mir als richtig erscheint. Ich hinterfrage Dinge auch und nehme die Aussage nicht als gesetzt hin. Dennoch hab ich schon öfter die Produkte nachgekauft, wenn sie von verschiedenen Menschen beworben wurden. Aber ich hab damit selbst auch gute Erfahrungen gemacht, deshalb war die Werbung ja eigentlich keine Manipulation. Andererseits sagen viele, wer sich aufgrund von Werbung etwas kauft, wird manipuliert, deshalb kann es schon sein, dass ich das nur machen will, weil es so viele gut und toll finden. Aber einen gesunden Lebensstil zu verfolgen hilft in allen Bereichen des Lebens weiter, deshalb ist es für mich nicht schlimm, falls social Media tatsächlich einen Einfluss auf mich auswirkt."*

Abschließend endet das Interview mit der Herausbegleitung der zu befragenden Person. Dies dient der lückenlosen Abschließung des Interviews. Im Anschluss daran folgt eine Danksagung in Bezug auf die Teilnahme und offene Fragen seitens der interviewten Person dürfen gestellt werden. (Reinhardt et al., 2020)

Teilaufgabe C 2

Die zweite Aufgabe behandelt die Transkription und deren Notwendigkeit bei Verschriftlichung von Interviews. Ferner wird der historische Kontext in Bezug auf die Transkription dargestellt.

Die Transkription

Das Wort Transkription bedeutet, lateinisch transcriptio, bedeutet übersetzt Umschreibung oder Übertragung. Transkription meint damit eine Regelgeleitete Verschriftlichung gesprochenen Wortes, wie zum Beispiel einem Interview oder Gruppendiskussionen. Um Forschungsfragen beantworten zu können, werden qualitative Daten oftmals mittels Interviews erhoben. Der Grundgedanke bei dieser Forschungsart ist das interessierende soziale Phänomen, welches sich sprachlich niederlegt. Zur Auswertung der Daten bedarf es der Transkription. Hierbei werden sowohl die gesprochenen Worte als auch der klanglautliche Ausdruck schriftlich übertragen. (Fuß & Karbach, 2019)

Transkripte erlauben den Forschern, das Interview der Vergänglichkeit zu entheben. Damit können sie das gesammelte Datenmaterial durchgehen und immer wieder darauf zurückgreifen. Darüber hinaus kann das transkribierte Interview für andere Forscher zugänglich gemacht werden. Wissenschaftliche Transkripte sind detailliert darzustellen. Sie geben Wort für Wort alle Inhalte des Interviews wieder und machen damit den dramaturgischen Aufbau der Gesprächssituation sichtbar. Daraus ergibt sich die Notwendigkeit der Transkription für qualitativ forschende Personen. (Fuß & Karbach, 2019)

Die transkribierende Person soll der deutschen Rechtschreibung mächtig sein, einen souveränen Umgang mit Textverarbeitungsprogrammen besitzen sowie die Liebe zum Detail. Interpretationen sind in Transkripten unbedingt zu vermeiden. Ferner soll darauf geachtet werden, eine neutrale und funktionale Umschreibung der Worte zu verwenden. Zu diesem Zwecke unterstützt die phonetische Umschrift die transkribierende Person. Die phonetische Umschrift ist ein internationales Alphabet, um die gesprochene Sprache authentisch in ihren lautlichen Ausdruck wiederzugeben. (Fuß & Karbach, 2019)

Typische Transkriptionsregeln

Eine Transkription wird nach bestimmten Regeln durchgeführt. Diese nennen sich auch Transkriptionsregeln. In der sozialwissenschaftlichen Forschung sind drei verschiedene Regelsysteme gängig. Diese sind die Transkriptionsregeln nach Schütze, Bohnsack und Kuckartz. Nachfolgend werden die Transkriptionsregeln nach Kuckartz dargestellt, da sich dieser in seinem Forschungsfeld mit dem Leitfadeninterview und der Computer gestützten Analyse beschäftigt. Bei der qualitativen Inhaltsanalyse handelt es sich um ein Analyseverfahren, in dessen Rahmen Interviewsequenzen in ihrer inhaltlichen Bedeutsamkeit einer Kategorie erfasst und beschrieben werden.

Die Transkriptionsregeln nach Kuckartz lassen sich in 14 Punkten beschreiben.

1. Es wird wörtlich transkribiert. Dialekte werden möglichst genau in Hochdeutsch übersetzt.
2. Sprache und Interpunktion werden leicht geglättet und an die Schriftdeutsche angenähert. Die Satzform wird beibehalten.
3. Längere Sprechpausen werden mit (…) markiert. Die Anzahl der Punkte sind hierbei abhängig von der Länge der Sprechpause.
4. Betonte Begriffe werden unterstrichen.
5. Lautes Sprechen wird durch Großbuchstaben gekennzeichnet.
6. Zustimmende Lautäußerungen der Interviewer*in werden nicht transkribiert, sofern sie den Redefluss des Gegenübers nicht unterbrechen.
7. Einwürfe werden in Klemmern gesetzt.
8. Lautäußerungen der befragten Person werden in Klammern gesetzt. Zum Beispiel ein Lacher.
9. Sowohl die interviewende Person als auch die interviewte Person bekommen bei Absätzen eigene Kürzel, wie zum Beispiel: „X" und „A3"
10. Einzelne Sprechbeiträge werden als Absatz transkribiert. Sprecherwechsel werden durch eine Leerzeile verdeutlicht, um die Lesbarkeit zu erhöhen.
11. Störungen werden in Klammern geschrieben, wie zum Beispiel (Tür geht zu)
12. Nonverbale Aktivitäten werden in Doppelklammer gesetzt, wie zum Beispiel ((Augenrollen))
13. Unverständliche Wörter werden durch (unv.) gekennzeichnet.
14. Angaben, welche einen Rückschluss auf die Person geben können, werden anonymisiert. (Fuß & Karbach, 2019)

Diese 14 Transkriptionsregeln sind das einfache Transkriptionssystem, welches häufig seine Anwendbarkeit in Interviews findet.

Ein Auszug aus dem Interviewleitfaden lautet wie folgt:

X: „In welchem Kontext nutzen Sie social Media Apps, wie Instagram?"

A3: „(Haha), eigentlich in jedem. Ich nutze es zum Zähneputzen als Unterhaltung, wie Fernseher eigentlich, nur das das Handy deutlich kleiner und handlicher ist. ((grinst)) Den Fernseher muss man erst einschalten und dann davor sitzen, mein Handy trage ich mit mir herum und schaue immer wenn ich Zeit habe drauf. (Türe geht auf) Die Influencer*innen posten ja den gesamten Tag, also hab ich immer etwas zum Anschauen." ((grinst))

Die Auswertung der Gespräche erfolgt nach den vier Phasen einer qualitativen Auswertung.

Die erste Phase ist die der Transkription. Sie ist sehr zeitaufwendig, aber stellt die Voraussetzung für alle weiteren Schritte dar. Das vorliegende Tonband, welches das Interview aufgenommen hat, wird durch Abtippen in eine lesbare Form gebracht. Es werden Informationen anonymisiert, Tipp- und Hörfehler ausgebessert und eventuell umformuliert.

Die zweite Phase ist die Einzelanalyse. Hierbei werden Nebensächlichkeiten entfernt und zentrale Sprechpassagen hervorgehoben. Die hervorgehobenen Teile werden der inhaltsanalytischen Auswertung unterzogen. Dabei werden Besonderheiten herausgearbeitet.

Inhalt der dritten Phase ist die generalisierende Analyse. Hierbei werden Gemeinsamkeiten sowie Unterschiede zwischen den Interviews herausgearbeitet. Dadurch ergeben sich Grundtendenzen, welche für die befragten Personen als typisch erscheinen.

Die vierte Phase beinhaltet die Selbst- und Fremdkontrolle der Auswertung. Dies dient der Ausschließung von Fehlinterpretationen. Im Zweifel werden die Tonbänder erneut angehört. (Reinhardt et al., 2020)

Ein weiteres Transkriptionssystem, welches das gesprochene Wort verschriftlicht, ist das „Talk in qualitative Research" (TiQ). Dies ist ein System, welches der Erfassung von Gesprächen für eine rekonstruktive Auswertung dient und mit einem Textverarbeitungsprogramm durchgeführt werden kann.

Die Transkriptionsregeln ähneln sich grundsätzlich, doch weisen trotzdem einige Unterschiede auf. Die Regeln nach dem TiQ lauten wie folgt:

- Dem/Der Interviewer*in wird eine Maskierung zugeteilt, entweder Y1 oder Y2
- Die befragte Person wird entweder mit einem f für feminin oder einem m für maskulin gekennzeichnet
- Die Überlappung von zwei Sprecher*innen wird mit einem (l_) abgebildet
- Die Zahl in Klammern (2) gibt die Sekunden der Sprechpause wider
- Eine Betonung wir <u>unterstrichen</u> und als **fett** gekennzeichnet
- Lachend gesprochene Äußerungen werden mit einem @ zu Anfang und Ende gekennzeichnet, @okay@
- Unsicherheiten oder schwer verständliche Äußerungen werden in Klammern gesetzt
- Wortverschleifungen werden wie folgt aufgeschrieben, Oh=manno
- Der Abbruch eines Wortes wird ebenfalls dokumentiert, zuneh-
- Intonationen welche stark verlaufen werden mit einem . dargestellt
- Intonationen welche schwach verlaufen mit einem Semikolon ;
- Dehnende Laute werden mit : gekennzeichnet, die Länge der : entspricht der Länge der Dehnung, Ja::::
- Ein kurzes Auflachen wird als @(.)@ gekennzeichnet
- Ein Kommentar oder eine Anmerkung nichtverbalen Ereignissen wird in Klammern gesetzt ((hustet)) Die Anzahl der Klammern entspricht der ungefähren Länge dieses Ereignisses

Für die einfachere Datenauswertung werden die Zeilen nummeriert. So können Datenauswertungen zitiert werden und den Leser*innen wird das Einordnen des Interviews erleichtert. (Raddy, 2014)

Ein Auszug aus dem Interviewleitfaden lautet wie folgt:

Y1: „In welchem Kontext nutzen Sie social Media Apps, wie Instagram?"

F: „@Haha@ @(.)@, eigentlich in jedem. (2) Ich nutze es zum Zähneputzen als Unterhaltung, wie Fernseher eigentlich, nur das das Handy deutlich kleiner und handlicher ist. ((grinst)) Den Fernseher muss man erst einschalten und dann davor sitzen, mein Handy trage ich mit mir herum und schaue immer wenn ich Zeit habe drauf. Die Influencer*innen posten ja den gesamten Tag, also hab ich immer etwas zum Anschauen." ((grinst))

Teilaufgabe C 3

In der dritten Aufgabe wird die qualitative Fallauswahl erläutert, sowie die Differenzierung dieser gegenüber der repräsentativen Stichprobenverfahren. Des Weiteren werden spezifische Verfahren der qualitativen Fallauswahl erklärt und Anwendungsfelder beschrieben.

Die qualitative Fallauswahl

Neben der qualitativen Stichprobe gibt es weitere Möglichkeiten zu Erkenntnisgewinnung innerhalb einer qualitativen Sozialforschung. Um die Forschungsfrage möglichst umfangreich und zielführend zu beantworten, ist die ausführliche Auseinandersetzung mit der zu verwendenden Stichprobe essentiell. Die Stichproben lassen sich in drei Arten differenzieren. Dies sind die qualitativen Stichprobenverfahren, die theoretische Stichprobe sowie die repräsentative Stichprobenverfahren. (Reinhardt et al., 2020)

Die qualitative Fallauswahl (= qualitative Stichprobe) ist eine regelgeleitete Auswahl von Untersuchungsfällen. Diese Fälle werden in der qualitativen Forschung meist von Personen verkörpert. Aus diesem Grund spricht man von einer bewussten Stichprobenziehung. Die Auswahl des Falles erfolgt bewusst und gezielt. Es wird darauf geachtet, dass der Informations- und Erkenntnisgewinn möglichst hoch ist. Um einen hohen Informations- und Kenntnisgewinn zu erhalten, gibt es verschiedene Kriterien, die es zu erfüllen gilt. Die theoretische, analytische Verallgemeinerung beschreibt den Wert der erhobenen Daten für die Erkenntnisgewinnung und im späteren Verlauf die Überprüfung der Theorie. Die Erkenntnisgewinnung kann vereinfacht werden, wenn vor Beginn genaue Angaben zu Aspekten der Theorie vorhanden sind. Diese sollen im Kausalzusammenhang mit der zu prüfenden Theorie stehen. (Reinhardt et al., 2020)

Die qualitative Fallauswahl kann in ihrer Vorgehensweise differenziert werden. Es wird zwischen der flexiblen und fixen Fallauswahl unterschieden. Bei der flexiblen Fallauswahl werden die Untersuchungseinheiten/Personen erst im Untersuchungsverlauf erarbeitet. Bei der fixen Fallauswahl hingegen werden die Kriterien bereits vor dem Untersuchungsbeginn, auf Grundlage von Vorwissen, festgelegt. (Reinhardt et al., 2020)

Des Weiteren lässt sich bei der qualitativen Fallauswahl in die homogene und heterogene Stichprobe unterscheiden. Homogene Stichproben sind Fälle, die in ihrer Art ähnlich sind. Sie werden erhoben, wenn ein besonderes Detail zu erheben ist. Die heterogene Stichprobe stellt das Antonym zur homogenen Stichprobe dar und befasst sich deshalb mit unterschiedlichen Fällen. Heterogene Stichproben finden ihre Anwendung in der Theorieerstellung oder in der Beschreibung der Variabilität von Phänomenen. (Reinhardt et al., 2020)

Differenzierung der qualitativen und repräsentativen Stichprobenverfahren

In Abhängigkeit des gewollten Ergebnisses der Datenerhebung, muss die Methode zur Datenerhebung gewählt werden.

„Die Repräsentativität einer Stichprobe („sample representativeness") gibt an, wie gut bzw. unverzerrt die Merkmalszusammensetzung in der Stichprobe die Merkmalszusammensetzung in der Population widerspiegelt." (Döring & Bortz, 2016)

Qualitative Studien arbeiten in der Regel mit kleinen Stichproben von 20 bis 30 und haben je nach Untersuchung einen emotionalen-subjektiven Charakter. Die gewonnen Daten aus der qualitativen Stichprobe lassen sich aufgrund ihrer geringen Quantität von Fallzahlen häufig nicht verallgemeinern, was dazu führt, dass sie nicht repräsentativ sind. (Döring & Bortz, 2016)

Eine repräsentative Stichprobengröße kann hergestellt werden, indem zwischen der Grundgesamtheit und der eigentlichen Stichprobe ein zahlenmäßiges Verhältnis herrscht. Die Stichprobengröße ist ein wesentlicher Aspekt zur Begünstigung der Repräsentativität. Je mehr sich die Stichprobengröße der Größe der Grundgesamtheit nähert, desto identischer wird der Stichprobenwert mit dem echten Wert der Grundgesamtheit. Die Repräsentativität wird durch die Stichproben zufällig erhoben. Die Zufallsauswahl soll die Chancengleichheit aller Elemente der Grundgesamtheit gewährleisten und somit jedem Element die Chance geben, ausgewählt zu werden. (Döring & Bortz, 2016)

Spezifische Verfahren qualitativer Stichproben

Die theoretische Stichprobenbeziehung:

Die theoretische Stichprobenbeziehung, auch Theoretical Sampling genannt, befasst sich mit Fällen, welche nach dem Kriterium ihrer konzeptuellen Relevanz für die jeweils verwendete Theorie ausgewählt werden. Sie kennzeichnet sich durch die bewusste heterogene Stichprobenstruktur, um das höchstmögliche Maß an theoretischer Erkenntnis zu gewinnen. Die Fallauswahl folgt dem Prinzip der Replikation. Das bedeutet, dass sich die Fälle in Bezug auf potentiell relevante Faktoren ähneln, sich jedoch aber unterscheiden. Durch den zirkulären Forschungsverlauf kann sich die Fallauswahl während der Datenerhebung mehrfach verändern. Abgeschlossen sind solche Fälle, wenn keine weiteren Modifizierungen durch andere Fälle möglich sind oder zu keinem neuen Erkenntnisgewinn führen. Man spricht hierbei auch von einer „theoretischen Sättigung". Eine tatsächliche Anwendung der theoretischen Stichprobenbeziehung findet in der Praxis selten statt. (Reinhardt et al., 2020)

Es gilt zwei Varianten gezielter Stichproben zu unterscheiden. Diese sind die homogene gezielte Stichprobe, sowie die heterogene gezielte Stichprobe. Bei der homogenen Stichprobe werden die Untersuchungseinheiten über einzelne Rekrutierungswege angesprochen und es wird ein kleines Sample zusammengestellt. Ein Beispiel hierfür ist die Forschungsfrage, welche psychologischen Folgen eine schwere Kopfverletzung für junge Patient*innen und ihre Familien hat. Die heterogene Stichprobe hingegen umfasst ein großes Sample, welches über unterschiedliche Rekrutierungswege angesprochen wird. Ein Beispiel hierfür ist die Forschungsfrage, welche Erfahrungen lesbische Frauen mit dem Gesundheitssystem sammeln. Diese Frage wurde mithilfe einer qualitativen Befragung erkundet. (Döring & Bortz, 2016)

Der qualitative Stichprobenplan:

Bei diesem Verfahren sind die Kriterien der Auswahl im Voraus festgelegt. Das Ziel des Quotenplans ist es, ein möglichst hohes Maß an Variabilität zu erfassen. Zu klären sind die Faktoren, welche sich auf das untersuchte Phänomen auswirken und wie die Ausprägungen der Faktoren im Stichprobenplan berücksichtigt werden sollen. Des Weiteren werden die Faktoren mit Ausprägungen in einer Tabelle kombiniert, um danach zu entscheiden mit wie vielen Fällen jede Zelle besetzt werden soll. Qualitative Stichprobenpläne bieten sich an, wenn über den zu untersuchenden Gegenstand bereits Informationen vorliegen. Ein Risiko des Stichprobenplans ist die eventuelle Ausklammerung von bestimmten Faktoren. Dies kann durch die vorab festgelegten Faktoren geschehen. (Reinhardt et al., 2020)

Indikationen für die Verwendung eines qualitativen Stichprobenplans sind gegeben, wenn für den zu erforschenden Gegenstand bereits ausreichende Erkenntnisse vorliegen. Vorauswahlen sind sowohl bei Personenstichproben, als auch bei Feldbeobachtungen und vorgefundenen Dokumenten zu treffen. Bei größeren Stichproben kann man anstelle der Stichprobenpläne auch Quotenpläne verwenden. (Döring & Bortz, 2016)

Literaturverzeichnis

Döring, N. & Bortz, J. (Hrsg.). (2016). *Forschungsmethoden und Evaluation in den Sozial- und Humanwissenschaften.* Springer Berlin Heidelberg. https://doi.org/10.1007/978-3-642-41089-5

Fuß, S. & Karbach, U. (Hrsg.). (2019). *utb. Sozialwissenschaften: Bd. 4185. Grundlagen der Transkription: Eine praktische Einführung* (2. Aufl.). Verlag Barbara Budrich.

Matthes, J. (Hrsg.). (2005). *The need for Orientation towards new media: Revisting and validating a classic concept.* International Journal of Public Opinion Research;.

Raddy, F. (2014). *Transkription: Forschen im Praxissemester.* https://blogs.uni-paderborn.de/fips/2014/11/26/transkription/

Reinhardt, R., Ornau, F. & Tennert, F. (2020). *Interviewtechnik* [Studienbrief]. SRH, Riedlingen. https://fhsr.sharepoint.com/sites/files/content/material/1002/1002_INT.pdf

Werkmann, A. (2022). *Social Media- Generationen im Vergleich.* https://www.ximpl.digital/blog/social-media-generationen-im-vergleich

Anhang

Interviewleitfaden

Welchen Einfluss hat Social Media auf den Lebensstil der nutzenden Menschen?

Der Einstieg

- Begrüßung der Teilnehmenden
- Erklärung der Studie
- Erfassung biografisch notwendiger Daten
- Datenschutz Belehrung
- Unterzeichnung Einverständniserklärung

Dimension 1 – Das Orientierungsbedürfnis nach Themen

Anwendung:

„Welche Bedeutung hat social Media für Sie? Erzählen Sie mir bitte, was sie persönlich damit verbinden."

Ziel: Das Nutzverhalten der zu Befragenden Personen soll analysiert werden. So erhält man einen ersten Eindruck und fördert den Redefluss der Person.

*„Social media ist für mich die geeignete Plattform, um mich auszuleben, Inspirationen zu sammeln und dient für mich auch der Unterhaltung. Ich schaue mir regelmäßig Storys meiner liebsten Influencer*innen an und wünsche mir manchmal auch ein/eine Influencer*in zu werden, das wäre super cool."*

Ernährungsstil:

*„Welche Bedeutung haben die täglichen Storys des Alltages der Influencer*innen für Sie?"*

Ziel: Hier soll das allgemeine Interesse für den Alltag fremder Personen erfragt werden, um im späteren Verlauf eine Kausalität zwischen der Nutzung von Social Media Apps, zum Beispiel Instagram, und dem eigenen Lebensstil herzustellen.

„Ich verbinde mich ein Stück weit mit ihnen, ich folge beispielsweise nur den Influencer*innen die ähnlich leben wie ich. Durch sie habe ich das Chunky Flavour für mich entdeckt und hab meine Ernährung ein bisschen umgestellt. Ich denke auch, ich habe jetzt ein besseres Gefühl für eine gesunde Ernährung und einen ausgewogenen Lebensstil. Ich verzichte auf kaum etwas und bin bereit, mich sportlich zu betätigen."

Dimension 2 – Das Orientierungsbedürfnis nach Fakten

Nutzverhalten:

„In welchem Kontext nutzen Sie social Media Apps, wie Instagram?"

Ziel: Die Frage soll die zu befragende Person dazu anregen, sich zu überlegen, in welchen Situationen zum Handy gegriffen wird, um die täglichen Storys fremder Personen anzuschauen.

„Haha, eigentlich in jedem. Ich nutze es zum Zähneputzen als Unterhaltung, wie Fernseher eigentlich, nur das das Handy deutlich kleiner und handlicher ist. Den Fernseher muss man erst einschalten und dann davor sitzen, mein Handy trage ich mit mir herum und schaue immer wenn ich Zeit habe drauf. Die Influencer*innen posten ja den gesamten Tag, also hab ich immer etwas zum Anschauen."

Sichtweise:

„Nutzen Sie weitere Informationsmöglichkeiten für ihren gewählten Lebensstil?"

Ziel: Einflussfaktoren wie zum Beispiel Freunde oder Familie sollen ermittelt werden, um die Beeinflussung durch Apps auf die Entscheidungsfindung ausschließen zu können.

Ja, manchmal schaue ich mir auf Empfehlung hin Rezepte im Internet an, oder verändere die alten Rezepte meiner Eltern. Ich schaue natürlich auch im Internet nach zum Beispiel Sport Kleidung oder nach Tipps und Tricks, um aktiver im Alltag zu sein.

Manchmal suche ich auch auf Pinterest nach Ideen. Das ist auch eine App, die ich ab und zu benutze. Aber vermutlich nichts so häufig wie Instagram."

Dimension 3 – Das Orientierungsbedürfnis nach Bewertung

Einfluss auf die Entscheidungsfindung

„Wie hat die Nutzung von social Media ihre Entscheidungsfindung zu dem für Sie passenden Ernährungsstil sie beeinflusst?"

Ziel: Es soll erfragt werden, inwieweit das Internet bzw. social Media Apps die Menschen in ihrer Entscheidungsfindung beeinflusst.

„Ich weiß nicht, ob mich social Media beeinflusst hat oder ob ich das nicht sowieso wollte und Instagram, vor allem bestimmte Influencer*innen, mich nur dazu motiviert haben, meine Gedanken umzusetzen. Ich kenne mich jetzt auf jeden Fall besser aus und erweitere daher mein Wissen auch gerne."

Einfluss der Quellen:

„Warum bevorzugen Sie social Media Apps für ihren individuellen Ernährungsstil?"

Ziel: Erfragt werden soll, warum eine bestimmte Quelle als seriös und hilfreich eingestuft wird aufgrund positiver Erfahrung oder genereller Vertrauenswürdigkeit.

„Ich denke, dass die Influencer, die teilweise ja auch mit ihren Produkten werben, Recht haben müssen, sonst würden sich die Produkte nicht so gut verkaufen. Außerdem sind das zum Teil ja Fitnesstrainer*innen und deshalb haben sie Ahnung und ich kann ihnen vertrauen. Ich war auch mal in einem Fitnessstudio angemeldet, und die Übungen die mir dort gezeigt wurden, finden sich auch in den Storys der Influencer*innen wider."

Tatsächliche Beeinflussung:

„Haben Sie das Gefühl, dass die social Media Apps Einfluss auf ihre Entscheidung bezüglich ihres Ernährungsstils haben?"

Ziel: Diese Frage soll beschreiben, ob die Entscheidung der zu befragenden Person tatsächlich auf den eigenen, individuellen Vorlieben und Vorstellungen beruht, oder ob social Media „die richtige Ernährung" suggeriert und die zu befragende Person dies dann aufgrund von Marketing oder Manipulation als „Richtig" empfindet.

„Hmm, schwierige Frage. Kann schon sein. Ich muss nachdenken. Ich glaube zum Teil ja, zum Teil auch nein. Ich suche mir das heraus was mir als richtig erscheint. Ich hinterfrage Dinge auch und nehme die Aussage nicht als gesetzt hin. Dennoch hab ich schon öfter die Produkte nachgekauft, wenn sie von verschiedenen Menschen beworben wurden. Aber ich hab damit selbst auch gute Erfahrungen gemacht, deshalb war die Werbung ja eigentlich keine Manipulation. Andererseits sagen viele, wer sich aufgrund von Werbung etwas kauft, wird manipuliert, deshalb kann es schon sein, dass ich das nur machen will, weil es so viele gut und toll finden. Aber einen gesunden Lebensstil zu verfolgen hilft in allen Bereichen des Lebens weiter, deshalb ist es für mich nicht schlimm, falls social Media tatsächlich einen Einfluss auf mich auswirkt."

Der Abschluss

- Klärung offener Fragen
- Danksagung
- Verabschiedung

BEI GRIN MACHT SICH IHR WISSEN BEZAHLT

- Wir veröffentlichen Ihre Hausarbeit,
  Bachelor- und Masterarbeit

- Ihr eigenes eBook und Buch -
  weltweit in allen wichtigen Shops

- Verdienen Sie an jedem Verkauf

Jetzt bei www.GRIN.com hochladen
und kostenlos publizieren